굿모닝 사회탐구 – 지리 영역

사계절과 우리의 생활

글 최금비 | 그림 이필원

우리가 사는 지구는 스스로 하루에 한 바퀴씩 돌아요.
이것을 '자전' 이라고 하며, 이 자전 운동으로 인해 낮과
밤이 생기지요.
또, 일 년에 한 번씩 태양 주위를 도는데, 이를 '공전' 이라고 해요.
이 공전 운동으로 인해 계절의 변화가 생기지요.

우리나라에는 사계절이 있어요.
사계절에 따라 각 계절에도 변화가 생기지요.
이에 각 계절별로 기온이나 강수량*이 큰 차이를 보여요.
또 지형과 지역에 따라 나타나는 기후가 다양하지요.
여기서 기후란 어떤 지역에 여러 해에 걸쳐 나타나는
기온이나 비, 눈의 양에 대한 평균치를 말해요.

*강수량 : 비나 눈, 우박, 안개 따위로 일정 기간 동안 일정한 곳에 내린 물의 총량.

지식 플러스

꽃 소식은 어디서부터 시작될까?

봄을 알리는 꽃은 남쪽 지방에서부터 피기 시작해 위쪽으로 올라와요. 남쪽 지방과 북쪽 지방의 꽃 피는 시기는 약 15일 정도 차이가 나고, 높은 산간 지역은 평지보다 꽃이 늦게 피지요.

개나리

봄이 되면 새싹이 돋고, 겨울잠을 자던 동물들이 깨어나요.
꽃이 필 즈음에 쌀쌀한 꽃샘바람*이 불기도 하지만 사람들은
밖으로 나가 아름다운 꽃들을 보며 봄맞이를 한답니다.
또, 농촌에서는 모내기와 가지치기* 등의 농사 준비로 바빠져요.
하지만 여러 날 비가 오지 않아 농부들이 어려움을 겪기도 하지요.
이 외에도 중국에서 모래 바람이 불어와 눈병과 호흡기 질환을
일으키기도 해요.

*꽃샘바람 : 이른 봄, 꽃이 필 무렵에 부는 쌀쌀한 바람.
*가지치기 : 식물의 겉모양을 고르게 하고 웃자람을 막으며, 과수 식물의 생산을 늘리기 위해 곁가지 따위를
          자르고 다듬는 일.

여름이 되면 덥고 습한 바람이 불어와 날씨가 더워지고 많은 비가 내려요.
또 여러 날 계속해서 많은 비가 내리는 장마도 찾아와요.
이때, 너무 많은 비가 내리는 곳에서는 홍수가 나기도 하지요.
장마가 지나면, 뜨거운 햇볕이 내리쬐는 날이 이어져 여러 가지 농작물이 잘 자라고 맛있게 익어 가요.
그리고 많은 사람들이 더위를 피해 산과 바다로 떠나지요.

지식 플러스

더워서 잠을 잘 수가 없어요

밤의 기온이 25도 이상인 무더운 밤을 '열대야'라고 해요.
여름이 되면 이 열대야 때문에 잠을 설치기 일쑤예요.
열대야가 계속되면 일상생활을 이어 나가기가 힘들어진답니다.

지식 플러스

이열치열의 음식, 삼계탕

삼계탕

우리 조상들은 여름 중에도 가장 덥다는 삼복 때가 되면 닭을 푹 고아 끓인 삼계탕을 먹었어요.
뜨거운 삼계탕을 먹다 보면, 몸 밖으로 땀이 나와요. 이때 땀은 몸속에 쌓였던 나쁜 물질을 몸 밖으로 내보내는 역할을 해요.
또 삼계탕을 다 먹었을 때 즈음 땀이 증발하면서 체온을 떨어뜨려 훨씬 시원함을 느끼게 돼요.
따라서 삼계탕은 열로써 열을 다스리는 여름철 최고의 음식이에요.

여름철이 되면 불쾌지수가 높아져요.
불쾌지수란 기온과 습도 등이 높아져 무더워진 날씨에 대해
느끼는 불쾌감의 정도를 수치로 나타낸 거예요.
일반적으로 기온이나 습도가 높을수록 불쾌지수가 높아져요.
예부터 우리 조상들은 모시나 삼베로 만든 시원한 옷을 입고,
삼계탕과 같은 음식을 먹으며 더위를 이겼어요.

🖇 지식 플러스

동해안이 더 시원해요

더운 여름에도 서해안보다 동해안이 덜 더워요.
그 까닭은, 동해안과 서해안의 수심 차이 때문이에요.
서해안은 수심이 얕아 물이 금방 뜨거워지고 또 금방 식어요. 하지만 동해안은 수심이 깊어서 물이 빨리 뜨거워지거나 식지 않지요.
그래서 동해안은 한여름에도 기온 차이가 크지 않아 육지에 시원한 바닷바람이 불어온답니다. 이 때문에 동해안이 서해안보다 더 시원하지요.

햇볕이 뜨겁게 내리쬐면 육지가 바다보다 빨리 더워지는데,
이때 육지의 더운 공기가 가벼워져 위로 올라가고 나면
바다의 시원한 공기가 그 빈자리를 채우게 돼요.
동해안은 수심이 깊어서 물이 빨리 뜨거워지거나 식지 않아요.
그래서 동해안의 시원한 바람이 해안 지역의 더위를 식혀 주어
동해안이 서해안보다 더 시원하답니다.

가을이 되면 맑은 날씨가 계속되어 높고
푸른 하늘을 자주 볼 수 있어요.
또, 여러 가지 과일과 곡식이 알맞게 익어
수확을 하는 계절이기도 해요.
이때에는 많은 사람들이 울긋불긋 단풍이 든
산을 찾아 나들이를 가지요.

예부터 우리 조상들은 가을에 거둔 농작물로 조상들께 차례를 지냈어요.
그리고 무, 배추를 심고 논둑*의 풀을 깎아 퇴비를 만들어 다음 농사를 준비했지요.
동물들도 다가오는 겨울에 대비하여 먹이를 저장하고, 여름새들은 추위를 피해 따뜻한 곳으로 날아가요.

*논둑 : 논의 가장자리에 높고 길게 쌓아 올린 방죽.

지식 플러스

여름새

제비

봄에서 초여름에 걸쳐 남쪽에서 날아와 번식하고 가을에 다시 따뜻한 남쪽으로 날아가는 새를 말해요. 제비를 비롯해 두견이와 휘파람새 등이 대표적인 여름새예요.

겨울에는 북쪽에서 불어오는 찬 바람의 영향으로
추운 날씨가 계속되고 눈도 많이 내려요.
또한, 비도 적게 오고 공기 중에 습도가 거의 없어
건조한 날씨가 이어져요.
그래서 감기에 걸리기 쉽고, 화재도 자주 발생하지요.
우리는 추위를 이기기 위해 두꺼운 옷을 입고,
따뜻한 음식을 먹으며 난방 기구를 사용해요.

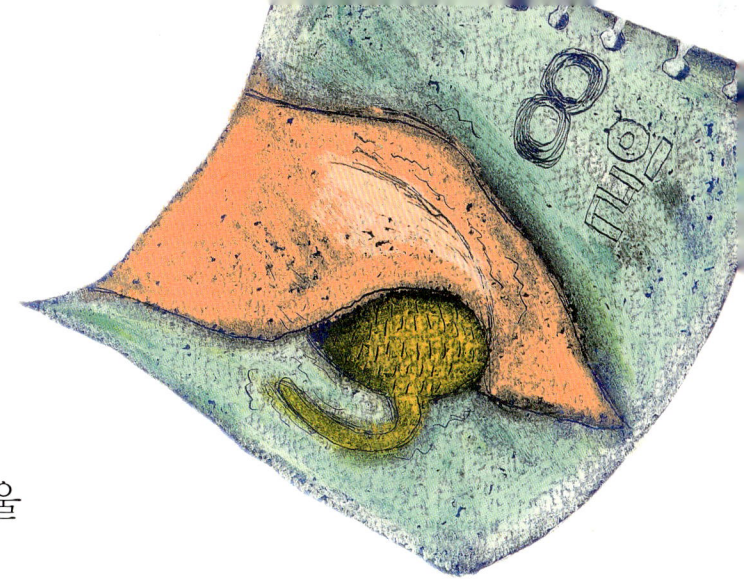

우리나라의 겨울은 삼한 사온이 나타나요.
삼한 사온이란 3일은 춥고, 4일은 따뜻한 겨울 날씨를 이르는 말이에요.
추운 날씨가 계속되는 것 같지만 삼한 사온이 규칙적으로 되풀이되어 우리는 추운 겨울에도 건강한 생활을 할 수 있지요.

지식 플러스

겨울 추위, 내복으로 이겨요

내복

예전에는 겨울이 되면 내복을 입어 몸을 따뜻하게 했어요. 하지만 시간이 지나면서 불편하다는 이유로 입지 않게 되었지요. 그런데 요즘 에너지를 절약하기 위해 내복을 입는 사람이 늘어나고 있어요. 실제로 내복을 입으면 실내 온도를 약 2~3도 정도 낮출 수 있어 난방비를 줄이는 데 도움이 된다고 해요. 그래서 최근에는 '내복 입기 운동'까지 펼쳐지고 있어요.

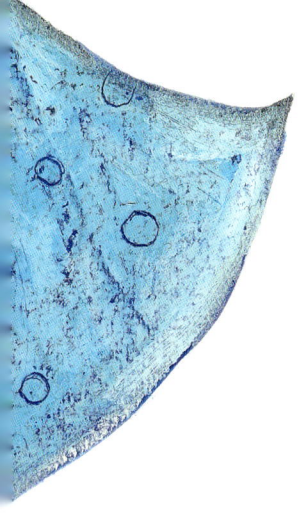

겨울에는 남북의 기온 차이가 매우 커 북쪽 지방에서 남쪽으로 내려갈수록, 또 해안 지역으로 갈수록 따뜻해요. 그래서 서해안보다는 동해안과 남해안이 따뜻하며 비도 많이 내리지요.

지식 플러스

강릉이 더 따뜻해요

겨울에 강릉이 서울보다 더 따뜻한 이유는 동해안에 따뜻한 해류가 흐르고, 태백산맥이 차가운 북서 계절풍을 막아 주기 때문이에요.

옛날 우리 조상들은 농가에서 일 년 동안 해야 할 일을
노래로 만들어 불렀는데, 그 노래를 '농가월령가'라고 해요.
농가월령가에는 농가의 행사를 월별로 나누어 그 달의 자연,
기후 상태와 관련된 농촌 풍속과 농사짓는 모습, 생활에
교훈이 되는 내용 등이 담겨 있어요.
또한 계절에 따라 먹는 제철 음식과 명절 음식 등도 담겨
있지요.

지식 플러스

농민들을 위해 만든 노래예요

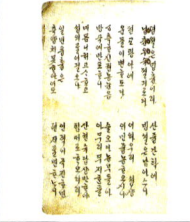

농가월령가

농가월령가는 조선 후기 헌종 때, 정약용의 아들 정학유가 농민들을 위해 만든 노래예요.
이 노래에는 농기구의 관리와 거름의 중요성, 작물과 양잠(누에를 기르는 일), 김장, 양축(가축을 기르는 일), 약초 등 다양한 농사일과 함께 여러 가지 민속 행사가 담겨 있지요.
오늘날 농가월령가는 조선 시대의 생활과 풍속을 엿볼 수 있는 귀중한 자료가 되고 있답니다.

오늘날에는 신문이나 텔레비전에서 하루의 날씨뿐 아니라 일주일간의 날씨 정보를 미리 알려 주어요.
또, 세계 여러 나라의 기후와 날씨도 알려 주지요.
이로써 날씨와 기후의 변화를 미리 알고 그 변화에 적절하게 대비할 수 있게 되었답니다.

 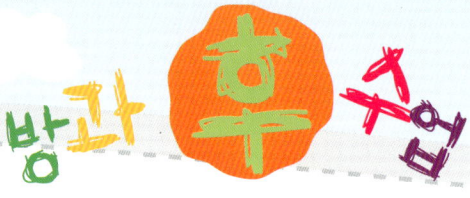 

우리나라 기후의 특징

여름은 덥고, 겨울은 추워요

우리나라의 겨울은 차고 건조한 시베리아 기단(거의 같은 성질을 가진 공기 덩어리)의 영향을 받아 춥고, 여름은 덥고 습한 북태평양 기단의 영향을 받아서 무더워요. 또한 우리나라는 북쪽으로 갈수록 겨울이 길고 추운 반면, 남쪽으로 갈수록 겨울이 짧고 따뜻해요. 이러한 남북의 기온 차이는 여름철보다 겨울철에 더 크게 나타나지요.

기온의 차이는 동서 간에도 나타나요. 남북으로 길게 늘어선 높은 태백산맥이 한겨울에 불어오는 북서풍을 막아 주고, 동해안에 흐르는 따뜻한 난류로 인해 서해안보다 동해안이 더 따뜻하지요.

계절에 따라 불어오는 바람이 달라요

태양열에 의해 뜨거워진 공기는 가벼워져 상승하게 돼요. 그러면 그 빈자리를 메우기 위해 다른 곳으로부터 공기가 이동해 오지요. 이러한 공기의 이동을 흔히 '바람'이라고 불러요.
우리나라는 계절에 따라 불어오는 바람이 달라요.
겨울철에는 차갑고 건조한 '북서풍'이 불어오는 반면, 여름철에는 습하고 뜨거운 '남동풍'이 불어오지요.

여름에 비가 많이 내려요

우리나라는 비가 내리는 양이 일정하지 않아요.
보통 장마와 태풍의 영향으로 여름철에 많은 비가 내리지요.
그래서 비가 많이 내릴 때는 홍수가 나 많은 피해를 입기도 하고, 비가 적게 내릴 때는 가뭄으로 어려움을 겪기도 하지요.

▼ 장마   가뭄 ▶

아나운서 : 2050년 1월 1일 뉴스를 시작하겠습니다. 오늘은 새해 첫날을 맞이하여 올해의 계절별 상세 날씨 정보를 전해 드리도록 하겠습니다. 기상 예보관 김일기 씨 나와 주셨습니다.

기상 예보관 : 안녕하십니까?

아나운서 : 새해 첫날부터 눈이 많이 내렸는데요.

기상 예보관 : 네, 그렇습니다. 이번 눈은 한동안 비가 내리지 않아 건조한 날씨가 이어져 산불과 가뭄이 우려되어 인공적으로 눈을 내리게 한 것입니다.

아나운서 : 아, 그렇군요. 그럼 본격적으로 올 2050년 사계절 날씨 예보를 부탁드립니다.

기상 예보관 : 올해 역시 우리나라는 뚜렷한 사계절의 영향을 받을 것으로 보입니다. 봄에는 몇 번의 꽃샘추위가 기승을 부릴 것으로 보이지만 예년처럼 황사가 심하지는 않을 것으로 보입니다. 또 6월 말쯤 장마가 지나고 나면 무더운 여름이 시작되겠고, 이 더위가 한풀 꺾이고 나면 청명한 가을 날씨가 이어질 것입니다. 지구 온난화로 따뜻하고 짧아졌던 겨울에는 다시 추위가 몰려올 것으로 보여집니다. 하지만 삼한 사온의 특징으로 겨울을 나는 데 큰 어려움은 없을 것으로 예상됩니다.

아나운서 : 한동안 우리나라를 비롯한 세계 여러 나라가 지구 온난화로 인한 계절의 변화와 기상 이변으로 어려움을 겪었는데요.

기상 예보관 : 그렇습니다. 하지만 지구 온난화 문제를 해결하기 위해 지구촌이 힘을 모은 결과 지구의 환경이 제 모습을 되찾아 가고 있습니다. 우리나라 또한 지구 온난화로 인해 여름이 길어지고, 겨울이 짧아지는 등 한때 아열대 기후가 나타나기도 했지만 다양한 노력 끝에 사계절을 되찾게 되었지요.

2 교시

기후의 영향을 받은 우리의 음식 문화

우리가 입는 옷, 먹는 음식, 사는 집은 계절과 기후의 많은 영향을 받으며 발전해 왔어요.
그중에서도 우리의 음식 문화에는 계절과 지역에 따라 나타나는 기후의 특징이 고스란히 담겨 있지요.
그럼 우리나라 기후의 특징에 알맞게 발달해 온 음식 문화에 대해 알아볼까요?

제철에 먹는 음식, 저장해 놓고 먹는 음식

우리 조상들은 계절마다 나오는 신선한 재료를 가지고 음식을 만들어 먹었어요. 봄에는 들판에서 나는 냉이, 쑥, 달래 등을 먹었으며 추수가 이루어지는 가을에는 각종 햇농산물을 먹었지요.
반면, 우리나라는 지역에 따라 재배되는 농작물이 달랐고, 겨울철에는 채소를 거의 재배할 수 없었기 때문에 저장 음식이 발달했어요. 해산물의 경우에도 계절에 따라 잡히는 종류가 달랐고, 쉽게 상했기 때문에 말리거나 소금에 절여 보관하는 방법이 일찍부터 발달했지요.

▲ 젓갈

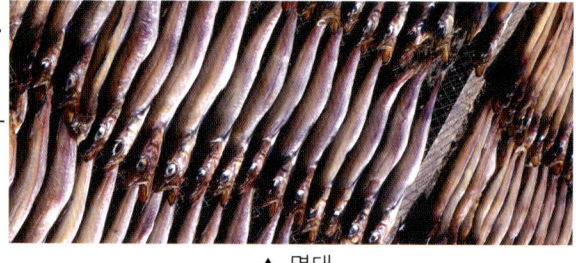
▲ 명태

건강에도 좋은 발효 음식

발효란 효모나 세균 등의 미생물이 유기물을 분해 또는 변화시켜 알코올류, 유기산류, 탄산가스 등을 만드는 작용을 말해요. 이러한 과정을 통해 독특한 맛과 영양이 형성되기 때문에 발효 음식은 자연 건강식으로 평가받고 있어요.
특히 저장 음식이 발달한 우리나라에는 여러 종류의 발효 음식이 있지요. 대표적인 발효 음식으로 된장, 고추장, 간장과 같은 장류와 김치, 젓갈류를 들 수 있어요.
이들 발효 음식은 다른 나라의 치즈, 와인과 함께 세계적으로 그 맛과 효능을 인정받고 있답니다.

◀ 각종 장류를 보관하는 옹기

3교시

최고의 저장·발효 음식, 김치

김치라는 말은 '소금에 절인 채소'라는 뜻의 '침채'에서 비롯된 것이에요.
김치는 채소가 재배되지 않는 겨울에 대비해 각종 채소를 소금에 절여 먹었던 것이 발전한 것이지요.
김치는 단순한 저장·발효 음식이 아니에요.
다양한 젓갈과 양념, 향신료 등이 들어간 복합 발효 음식이지요.
최근 우리 김치의 효능과 우수성이 세계에 알려져 세계인들의 입맛을 사로잡고 있어요.

기후와 지역에 따라 김치가 달라요

우리나라 사람들이 즐겨 먹는 김치는 계절과 기후에 따라 다른 특징이 나타나요.
계절별로 많이 나는 제철 채소를 이용하기 때문에 계절마다 담가 먹는 김치가 조금씩 달랐던 것은 물론이고, 김치에 들어가는 재료와 맛에도 지역에 따른 차이가 있었지요. 따뜻한 남부 지방에서는 김치가 천천히 익도록 소금과 양념을 많이 넣는 반면 추운 북부 지방에서는 소금과 양념을 적게 넣어요. 이 밖에도 각 지역의 기후는 김장(김치를 한꺼번에 많이 담그는 일)을 하는 날짜를 결정하기도 했어요. 김장은 대체로 초겨울에 담그지만 따뜻한 남부 지방보다 겨울이 일찍 찾아오는 북부 지방에서 먼저 김장을 했지요.

총각김치

갓김치

굴 깍두기

김치와 기무치의 전쟁

서울 올림픽을 계기로 우리나라 김치가 전 세계에 널리 알려지자 일본은 '기무치'를 만들어 냈어요. 그러고는 국제 식품 규격 위원회에 기무치라는 이름을 등록하고 김치 종주국(문화적 현상과 같은 어떤 대상이 처음 시작한 나라)은 일본이라고 주장했지요. 이에 우리나라는 '젓갈을 넣지 않고 발효시키지 않은 기무치는 김치로 인정할 수 없다.'며 김치 규격안을 국제 식품 규격 위원회에 제출했어요.
결국 국제 식품 규격 위원회는 김치 종주국은 한국이라는 것을 인정하게 되었지요.
이후, 일본은 기무치를 수출할 때에도 '김치'라고 표기하게 되었답니다.

일본의 기무치

미디어세상 - NIE

계절성 우울증… 외출하세요

일조량(일정한 물체의 표면이나 지구의 표면에 비치는 햇볕의 양)이 줄어드는 가을에는 기분이 우울해지는 사람이 많아진다. 특히 입시생이나 취업 준비생 또는 가정주부 들은 주위 환경에서 오는 스트레스와 맞물려 생긴 계절성 우울증 때문에 마음고생이 심해진다.

계절성 우울증은 일반적인 우울증과는 달리 몰려드는 잠 때문에 하루 종일 무기력하게 지내고, 식욕이 왕성해져 살이 찌는 것으로 알려졌다.

전문가들에 따르면 계절성 우울증을 예방하기 위해서 하루 30분 이상 햇볕을 쬐어 주는 것이 좋다고 한다. 또 규칙적인 생활 습관을 지키고, 균형적인 식생활을 유지하기 위해 신경을 써야 한다.

이에 한 정신과 의사는 "평소보다 야외 활동을 늘리거나 조깅 등의 규칙적인 운동을 하는 것도 좋다."면서 "비타민을 복용하거나 하루 8잔 정도의 물을 마시는 것도 계절성 우울증을 예방하는 데 도움이 된다."고 밝혔다. 〔동아일보·중앙일보 참조〕

겨울철 감염 질환 예방

감기는 급격한 기후 변화로 일교차(기온, 습도, 기압 같은 것이 하루 동안 변화하는 차이)가 심해질 때 잘 걸린다. 대부분의 사람들은 증상이 가볍고 거의 저절로 낫는 감기를 그리 심각하게 여기지 않는다. 하지만 감기는 다른 병을 일으키기도 하고, 후유증을 동반하는 경우가 많아 '만병의 근원'이라고도 불린다.

감기 같은 겨울철 감염 질환을 줄이기 위해서는 적당한 난방과 함께 환기를 자주 시켜 주는 것이 좋다. 또 실내의 습도를 적절하게 유지시켜 주는 것도 중요하다.

그리고 무엇보다 손을 깨끗하게 씻는 것이 좋다. 감기를 옮기는 중요한 매개체 중 하나가 손이기 때문이다. 손을 잘 씻으면 감기를 예방할 수 있으므로 하루 8차례 이상 비누를 사용해서 꼼꼼하게 씻는 습관을 길러야 한다. 〔경향신문 참조〕

> 계절과 날씨의 변화는 우리의 몸과 마음에 큰 영향을 끼쳐요. 이러한 계절과 날씨의 변화 속에서 우리의 건강을 지키기 위해서는 어떤 노력들이 필요할까요?

미래 뉴스

아나운서 : 황사와 가뭄, 홍수도 많이 줄어들 것이라고 들었습니다.

기상 예보관 : 네. 매년 봄철 우리나라는 중국에서 불어오는 모래 바람으로 인해 큰 피해를 입었는데요. 그동안 중국과 우리나라 정부가 힘을 합쳐 방풍림을 조성하는 등 여러 노력을 기울여 황사 문제를 거의 해결하게 되었습니다. 그리고 가뭄과 홍수로 인한 피해 역시 줄어들 것입니다. 인공 강우 기술이 개발되면서 농사와 공업용수 등에 필요한 물을 효율적으로 사용할 수 있게 되어 가뭄 걱정을 덜게 되었지요. 또 다목적 댐의 건설과 울창한 숲의 조성으로 홍수도 막을 수 있게 되었습니다.

아나운서 : 계절과 날씨가 우리 생활에 주는 영향 또한 많이 줄어들었지요?

기상 예보관 : 그렇습니다. 이는 다양한 기술 개발로 인해 가능해진 것입니다. 더운 여름과 추운 겨울은 발달된 냉난방 장치로 큰 어려움 없이 보내고 있지요. 또 농사도 계절의 영향에서 벗어나게 되었습니다. 비닐하우스와 종자 개량으로 제철 작물이라는 말이 사라지게 되었지요. 이에 여름철에 즐겨 먹던 수박을 한겨울에도 먹을 수 있게 된 것입니다.

아나운서 : 우리나라가 다시 사계절을 띠게 되었다니 기쁜 일이 아닐 수 없네요.

기상 예보관 : 얼마 전까지만 해도 우리나라는 지구 온난화로 인해 여름과 겨울 두 계절만 있었습니다만 지구촌의 노력으로 봄과 가을을 되찾았지요. 이렇게 되찾은 계절이니 만큼 앞으로도 지구 온난화에 대비해 여러 노력들을 해 나가야 할 것입니다.

아나운서 : 좋은 말씀 감사드립니다. 김일기 기상 예보관이셨습니다.

여기가 볼까?

누리천문대
경기도 군포시 갈티마을 1길 107

사람들은 아주 오래전부터 하늘을 두려워하며 동시에 하늘에 대한 궁금증과 호기심을 키워 왔어요. 때문에 첨성대와 같은 천문 기상 관측대를 만들어 하늘과 별을 관찰했지요. 반면, 요즘에는 각종 공해와 조명들 때문에 반짝반짝 빛나는 별을 관찰하기가 쉽지 않아요. 하지만 천문대에 가면 밤하늘을 수놓고 있는 별을 보다 가까이에서 볼 수 있지요.

인간 세상과 별 세상을 연결해 주는 열린 천문대인 누리천문대에 가면 옥상 정원에 설치된 대형 굴절 망원경으로 태양, 달, 행성, 은하, 성운 등의 다양한 천체를 직접 관측할 수 있어요. 또 계절에 따라 변하는 별자리와 행성의 위치를 배울 수 있는 공간도 있지요. 이 밖에도 입체 상영관에서 입체 안경을 쓰고 실감 나는 과학 영화를 관람할 수도 있답니다.

보석처럼 빛나는 별을 가까이에서 보고 싶어요.

 **관람 안내**

전화　　(031)501-7100　|　홈페이지　http://www.gunpolib.or.kr/nuri
관람 시간　오전 10 : 00 - 오후 5 : 00 (오후 12시 - 2시 제외)
　　　　휴관일 : 매주 금요일, 일요일
※ 야간 관측과 특별 강연은 전화로 예약

가는 길

지하철　　4호선 대야미역 2번 출구에서 도보로 5분 거리